田崎真也特製！
ワインによく合うおつまみ手帖

田崎真也

講談社+α文庫

はじめに

日本でのワイン消費量は決して多いとはいえない量です。でも、「ポリフェノールによる赤ワインの健康効果の発表」による爆発的なブーム以来、それまでと比べてワインを楽しむシーンが大きく変化してきました。

ワインは、結婚式や誕生日、結婚記念日、クリスマスなどの特別な日のものというイメージから、より日常的なものへと広がりました。

フレンチやイタリアンレストランで飲むものから、家庭の食卓で家族や親しい友人、恋人と気軽に楽しむためのアイテムとなりました。

特に昨今の経済的な理由から、外食比率が減り、いわゆる家食《いえしょく》を余儀なくされるようになりました。でも、この現象をポジティブに捉えると、家族との間の理想的な食卓、団欒《だんらん》を築くきっかけとなったのかもしれません。

人にとっての食事は、単に生きるために栄養を補給したり、健康を維持したりするだけのものではなく、他の人とともに、おいしさを感じ、そして、愉しむことに、その目的があるべきだと思います。

そして、食事を通して大いに会話し、愉しむためには、食べる時間だけでなく、献立を考えてつくるまでのプロセスの全てが食事であり、その全てがコミュニケーションツールであるべきだと考えます。


この本は、２００２年に出版された『１０００円ワインと50のレシピ』の文庫版となります。

家庭で、日常的にワインを愉しむシーンは増えてきました。ただ、ワインの役割として大切な、「料理との相性を楽しむ」となると、まだまだ浸透していない気がします。もちろん料理教室で習った本格的なフレンチをコーディネートする方も多いことでしょう。もしくは逆に、好きなタイプのワインを飲んで、食べるものも、その日食べたいものを、相性なんて関係なく食べるにかぎる、と考えている方も多いのではないでしょうか。

どちらでもよいのです。

でも、前者であっても、後者であっても、その食卓で、「すごく合うね！」

とか、「こりゃ難しいワ！」「白で正解！」「今度はボルドーにしよう」などの会話があることが大切なのです。

レシピは料理をほとんどしない方でもチャレンジしやすい簡単な内容としました。材料は、手軽に手に入るものだけを使用しています。ぜひトライしてください。そして、アレンジを加えて、オリジナル料理を創作してください。さらに、本書では、相性のよいワインのタイプをより具体的に紹介しています。といってもそのワインがないとダメ！　なのではなく、大きく分けて、白か赤かで結構！　ただし、「同じ辛口白ワインにもいろいろなタイプがあることを知ると、好みの幅が広がるきっかけになります」との意味でセレクトしてみました。どのワインも２０００円前後で買えるワインです。

どうぞ、大切な人との素敵な時間をお過ごしください。

２００９年５月

田崎《たさき》　真也《しんや》

◎目次

すぐ飲みたい！　3分でできるおつまみ（白）

第2章 赤ワインに合う、おつまみ25選

編集協力：佐藤由起

本書のきまり

◆計量の単位は、カップ1＝200cc、1合＝180cc、大さじ1＝15cc、小さじ1＝5ccです。いずれもすりきりではかります。
◆電子レンジの加熱時間は500Wの場合です。表示の加熱時間はあくまでも目安です。様子を見ながら調節してください。
◆だし汁は削り節でとったものを使用していますが、市販のだしの素で代用してもよいです。
◆EXVオリーブ油は、エクストラ・バージンオリーブ油のことです。

田崎真也特製！

ワインによく合うおつまみ手帖

第1章

白ワインに合う、おつまみ25選

白ワインに合う料理をつくるコツ

家でワインを飲むときに、ちょっとしたコツがわかっていれば、料理とワインのおいしい組み合わせが気軽に楽しめます。

白ワインには、次の2つの傾向の料理が合います。

1） レモンを絞りたくなるような料理

2） クリーミーな料理

いかがですか？　ワインを飲むからといって特別に気張った料理をつくる必要はなく、普段つくっている料理で、十分おいしく楽しめるのです。

ではこの2種類の料理のポイントを解説しましょう。

「レモンを絞りたくなるような料理」とは、料理の仕上がりにレモンスライスを添えたくなるような料理、もしくは、料理自体にレモンの果汁を使っているような料理です。

たとえば、鶏肉に塩、こしょうをして、グリルで焼いて、仕上がりにレモンをギュッと絞る。あるいは白身魚をオリーブ油でさっとソテーして、仕上げにレモンスライスを添えるといった料理です。

あるいは、刺身用の帆立てをスライスし、レタスやきゅうりなどの野菜といっしょに、レモン汁を使ったドレッシングであえたサラダや、ひらめなどの白身魚の薄切りに、レモン汁ベースのソースがかかったカルパッチョなどです。

ここではわかりやすく、「レモン」を代表例に挙げましたが、オレンジやライム、日本ならではのゆず、すだち、かぼすなど、柑橘系の果物全般が同様にあてはまります。ですから、ポン酢を添える料理などもこの仲間にはいります。

こうした「柑橘系の果物を絞りたくなるような料理」には、爽やかな酸味を感じる白ワインがぴったり合います。

このような爽やか系のワインの色は、グリーンがかった若草色を帯びていることが特徴です。ですから、料理を合わせるコツとしては、料理の仕上がりの色をワインの色に合わせる、つまりカラーコーディネートすることで、ワインと料理が寄り

添う関係になります。たとえば、ハーブ類や大葉、あさつき、わさびなどを添えたいような料理に仕上げることでも、爽やか系のワインに合うようになります。

さて、もう一方の「クリーミーな料理」には、まろやかな白ワインが合います。「クリーミーな料理」は、牛乳や生クリーム、チーズ、豆乳などを使った料理で、イメージしやすいかもしれません。ホワイトソースを使ったグラタンやシチュー、バターソースを使った魚料理、あるいは白ごまをベースにしたごまだれを使った料理も、まろやか系の白ワインにはぴったりです。豚肉の冷しゃぶやバンバンジーにもよく合います。

まろやか系の白ワインの色は、イエローの濃い黄金色を帯びていますから、料理をカラーコーディネートすることで相性がよくなります。たとえば鶏肉に卵をつけてピカタにする、あるいは白身魚をソテーして多めのバターやクリームを使ったソースを添えることで、まろやか系の白ワインに合うようになります。

いろんなテーマで、
あらゆる視点で
プラスアルファは、
次々生まれます

講談社+α文庫

Illust: Yoshifumi Hasegawa
Design: Suzuki Seiichi Design Office

「白ワインに合う料理は
グリーンやイエローに仕上げる」

シャキッとした爽やかなサラダ

えのきだけと水菜のサラダ

材料　2人分

えのきだけ……1と1/2袋
水菜……えのきだけと同量
EXVオリーブ油……適量
ポン酢しょうゆ……適量
レモン汁……適量
塩、こしょう……各少々

一　えのきだけは根元を切り落とし、ほぐす。ボウルに入れ、えのきだけが隠れる程度に水を注ぎ、レモン汁少々を加えて5分つけ、取り出す。

二　水菜は5cm長さに切り、一のボウルに入れ、レモン水にさっとくぐらせ、えのきだけと混ぜ合わせて、しっかりと水きりをする。

三　EXVオリーブ油とポン酢しょうゆを1：1の割合で混ぜ、レモン汁少々を加え、塩、こしょうで味をととのえる。皿に二を盛り、かける。

このタイプのワインにピッタリ!

ソアーヴェ

イタリア北東部、ヴェーネト州、ソアーヴェ地区産。柑橘類や青りんご、ミネラルの香り。柔らかでドライ、後味にもさわやかなミネラルの風味を感じ、えのきだけや水菜のミネラル感とよく合う。

梅肉ドレッシングはワインと好相性

新玉ねぎのスライスサラダ

一 新玉ねぎは繊維にそって薄くスライスし、冷水にさっとさらして水きりし、シャキシャキにする。

二 小さなボウルに梅肉、レモン汁、オリーブ油を入れて混ぜ合わせ、ドレッシングをつくる。

三 皿に一を盛り、二のドレッシングを上からかけ、貝割れ菜、刻みのりをのせる。

材料 2人分

新玉ねぎ……1と1/2個
梅肉……大さじ3
レモン汁……大さじ1
オリーブ油……大さじ5
貝割れ菜……適量
刻みのり……1つまみ

このタイプのワインにピッタリ!

プロセッコ・ディ・ヴァルドッビアデーネ

イタリア北東部、ヴェーネト州産。プロセッコ種を使った発泡性ワイン。柑橘類や白い花、ミネラル香。全体に爽やかで気泡の刺激もフレッシュ。新玉ねぎの風味に合う。

ソースの決め手はみりん

温製レタスのサラダ　バルサミコソース

一　レタスは芯をくりぬき、1枚ずつ葉をはがしておく。塩少々を加えた湯にさっとくぐらせ、水けをきる。

二　ベーコンは5㎜幅に切り、カリカリになるようにフライパンで炒めて、バルサミコ酢、みりん、オリーブ油、塩、こしょうを入れて、バルサミコソースをつくる。

三　皿に、一のレタスを盛り、上から二のバルサミコソースをかける。

材料　2人分

レタス……1個
ベーコンスライス……3枚
バルサミコ酢……大さじ1
みりん……大さじ1
オリーブ油……大さじ3
塩、こしょう……各少々

このタイプのワインにピッタリ!

コート・デュ・ローヌ

南フランス、コート・デュ・ローヌ地方産の白ワイン。使用する品種は多数。黄色のりんごのコンフィの香りや白いスパイス香。味わいはまろやかで、余韻に心地よいほろ苦みが残りバルサミコ酢にも合う。

とろ〜りスープがワインに合う

フォンデュ風たっぷりチーズのクリームスープ

材料 2人分

エメンタールチーズ……120g
グリュイエールチーズ……120g
白ワイン……カップ$\frac{1}{2}$
生クリーム……カップ$\frac{1}{2}$
にんにく……1かけ
ナツメグ……少々
塩、こしょう……各少々
食パン……適量
サラダ油（揚げ油）…適量

一 食パンは耳を落とし、1cm角に切り、油で揚げてクルトンをつくる。

二 にんにくを半分に切り、断面を鍋底にこすりつける。

三 二に白ワインを注ぎ沸騰させ、あらかじめ細かくおろしておいたエメンタールチーズ、グリュイエールチーズを、少しずつ混ぜながら溶かし込む。溶けたら、生クリームでのばす。

四 三に塩、こしょう、ナツメグで味つけし、スープ皿に盛ってからクルトンを入れる。

このタイプのワインにピッタリ!

スイス・シャスラ

シャスラ種。柑橘類や青りんご、ほのかにハーブやミネラル香。柔らかで爽やかな印象が余韻まで持続。スイスでのチーズフォンデュには欠かせないワイン。

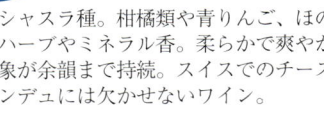

さっぱり爽やかな味わい

ヨーグルトの冷たいスープ

一 ボウルにヨーグルトを入れ、ミネラルウォーターで好みの濃度にし、塩、こしょう、レモン汁で味をととのえる。

二 きゅうりは小さな角切りにする。キウイは皮をむき、きゅうりと同じ大きさの角切りにする。

三 一に二を加えて混ぜ合わせ、冷蔵庫で1時間以上冷やす。

材料　2人分

プレーンヨーグルト（無糖）
……………200g
ミネラルウォーター…適量
きゅうり……………1本
キウイフルーツ………1個
塩、こしょう………各少々
レモン汁………大さじ2

このタイプのワインにピッタリ!

ガヴィ

イタリア北西部、ピエモンテ州産。コルテーゼ種。柑橘類や青りんご、ミネラル香、白い花の香り。ドライで爽やかさも含み、バランスがよく、爽やかな味わいのスープにも合う。

ごまだれもワインに合う調味料

ポテトチップスとピリ辛ごまだれソース

材料 2人分

ポテトチップス……適量
ごまだれ（しゃぶしゃぶ用）……適量
マヨネーズ……適量
チリソース……少々
パセリ……少々

一 マヨネーズとごまだれを1：1の割合で混ぜ、ディップをつくる。チリソースは好みの量で辛さを加減してディップに入れる。

二 ポテトチップスを皿に盛り、パセリのみじん切りをふる。器に一を入れて添える。

このタイプのワインにピッタリ!

カリフォルニア・シャルドネ

シャルドネ種。かりん、黄桃、あんずやビスケット、ナッツ、バニラなどの香り。まろやかでふくらみがあり、豊かな果実味が広がり、ピリ辛のごまだれに溶け込む。

まるごとキャベツだから、甘みが凝縮

温製キャベツのアーリオ・オーリオ

一　フライパンに、オリーブ油、みじん切りにしたにんにく、小口に切った赤唐がらし、塩を入れ、にんにくが焦げないように中火でじっくりと温め、香りが出たら、火からおろす。

二　キャベツは芯をくりぬき、まるごとラップし、電子レンジで8〜15分（キャベツの大きさによって調整する）、中心部まで加熱する。

三　キャベツを取り出して皿に盛り、8等分に切る。

四　一のソースを再度火にかけて、熱々を三のキャベツにかける。

材料　2人分

キャベツ……………1個
にんにく………2〜4かけ
赤唐がらし………1〜2本
オリーブ油……カップ$\frac{1}{3}$
塩……………………少々

このタイプのワインにピッタリ!

グレーコ・ディ・トゥーフォ

イタリア南部、カンパーニャ州産。グレーコ種。かりんや黄色のりんご、ライラックの花、ほのかに白いスパイス香。ふくよかな印象から、アフターはドライ。アーリオ・オーリオの風味にも合う。

塩辛の塩けがアンチョビ風

まるごとカリフラワーのいか塩辛バターソース

材料　2人分

カリフラワー……1個
いかの塩辛……30g
白ワイン……80cc
コリアンダー（粒）*……小さじ1
生クリーム……大さじ1
無塩バター……80g

*白こしょうでもよい

一　カリフラワーは軸を切り落とし、まるごとラップをして、電子レンジで5～7分加熱し、皿に盛り、四つ切りにする。

二　鍋に白ワインを入れ強火にかける。1/3量以下に煮つめて、いかの塩辛、コリアンダー、生クリームを加え、ごく弱火にして煮る。

三　二が煮立ったら弱火にし、バターを加えながら泡立て器で混ぜ、軽くとろみがついたら火を止める。

四　一に塩辛バターソースを全体に回しかける。

このタイプのワインにピッタリ!

コート・ドゥ・プロヴァンス

フランス南部、地中海に面したプロヴァンス地方産。使用可能品種は多数。黄色の果実やはちみつ、ほのかに白いスパイス香。まろやかでバランスよくドライな印象が塩辛バターにも合う。

豆腐をチーズに見立てた一品

トマトと豆腐のカプレーゼ

一　豆腐を海水くらいの濃度の塩水（分量外）に15分つけてから、軽く重石をして10分ほど水きりをする。

二　一の水けをキッチンペーパーなどでふき取り、１cm幅にスライスする。

三　トマトを７mm幅にスライスする。

四　トマト、豆腐、トマト、豆腐の順に皿に盛り、塩、黒こしょうをふりかけ、バジルを飾り、EXVオリーブ油を全体に回しかける。

材料　２人分

- 絹ごし豆腐……$\frac{1}{2}$丁
- 完熟トマト……大１個
- バジル……７〜８枚
- 塩……少々
- 黒こしょう……少々
- EXVオリーブ油……少々

このタイプのワインにピッタリ!

フィアーノ・ディ・アヴェリーノ

イタリア南部、カンパーニャ州産。フィアーノ種。グレープフルーツやかりん、白い花、ナッツ、ミネラル香。ふくよかでバランスよくドライな酸味がカプレーゼによく合う。

とろとろ卵が上品な一品に

しめじのスクランブルエッグ　チーズ入り

一　しめじはほぐして、石づきは取り、軸は小さめに切る。

二　鍋にバターを入れ、一のしめじを炒める。パセリを加え、白ワインを注ぐ。

三　卵を割りほぐし、極弱火にした二の鍋に入れ、木べらで部分的に固まらないようにゆっくり混ぜる。

四　塩、こしょうで味つけし、おろしたチーズを入れる。全体にとろみが出るまで弱火で火を通す。

材料　2人分

しめじ……………1パック
卵…………………3個
ナチュラルチーズ…50g
パセリのみじん切り…適量
白ワイン……カップ1/4
バター…………大さじ1
塩、こしょう……各少々

このタイプのワインにピッタリ!

ブルゴーニュ

フランス中部、ブルゴーニュ地方産。シャルドネ種。かりんや洋なし、バター、ナッツなどの香り。まろやかな味わい、バターの風味から、チーズやバターを使った料理とよく合う。

おそうざいも工夫次第で前菜に

ポテトとツナのサラダ マスタード風味

一 じゃが芋は塩少々（分量外）を加えた水でゆで、皮をむき、7㎜幅にスライスする。

二 ボウルに、ツナ（缶の油は入れない）、EXVオリーブ油、バルサミコ酢を入れ、混ぜ合わせておく。

三 小さなボウルに、マヨネーズとマスタードを混ぜ、好みでピクルスのみじん切りを加える。

四 皿の中央に二を盛り、そのまわりに一のじゃが芋を並べ、全体に三のソースをかける。パプリカがあれば仕上げにふる。

材料 2人分

じゃが芋（男爵）……2個
ツナ缶……1缶
バルサミコ酢……少々
EXVオリーブ油……少々
マヨネーズ……大さじ1
マスタード（ディジョン）……大さじ1
ピクルス（きゅうり）……適宜
パプリカ……適宜

このタイプのワインにピッタリ!

アルザス・シルヴァネール

フランス北東部、アルザス地方産。シルヴァネール種。青りんごや白い花、ミネラル、ほのかに白いスパイス香。柔らかでバランスがよく後味がフレッシュでドライ。フレンチマスタードの風味にも合う。

ホイル焼きで香りを包んで

ほうれんそうのごまあえとベーコンのホイル焼き

材料　2人分

- ほうれんそうのごまあえ……200g
- ベーコンスライス…50g
- 玉ねぎのみじん切り……大さじ2
- バター……大さじ2
- 白ワイン……カップ1/2
- 塩、こしょう……各少々
- オリーブ油……適量

一　ベーコンは5㎜幅に切る。鍋にオリーブ油少少を熱し、ベーコンを加え、ベーコンから脂が出てきたら、玉ねぎを加えてさらに炒める。

二　白ワインを加え、1/2量になるまで煮つめたところにバターを入れ、塩、こしょうで味をととのえる。

三　アルミホイルの上に、ほうれんそうのごまあえを置き、その上に二をのせ、オリーブ油を全体にかけ、ぴっちりと包む。

四　200℃のオーブンで3〜4分焼く。

このタイプのワインにピッタリ!

山梨・甲州

甲州種。グレープフルーツやなし、白い花、枯れ葉の香りなど。柔らかでバランスがよく軽快な味わいが、野菜料理を引き立てる。

まわりはこんがり、中はジューシー

まぐろのミラネーゼ

一　粉チーズと細かいパン粉を1：3の割合で混ぜておく。

二　スライスしたまぐろに塩、こしょうをして、小麦粉、溶き卵、一の順につける。

三　フライパンにオリーブ油を熱し、バターを入れ、二の両面を手早くこんがり焼く。皿に盛り、レモン、タイムを飾る。

材料　2人分

まぐろ（中トロ）
…6切れ（1切れ50g）
塩、こしょう……各少々
小麦粉……適量
溶き卵……1個分
パン粉、粉チーズ…各適量
バター……30g
オリーブ油…大さじ2～3
レモン……適量
タイム……少々

ロエーロ・アルネイス

イタリア北西部、ピエモンテ州、ロエーロ地区産。アルネイス種。青りんごのコンポートやジャスミンの花、ほのかにハーブ香。まろやかで柔らかな、バランスのよい味わいがミラネーゼに合う。

すだちの酸味が全体を引き締める

あさり汁の湯豆腐 すだち添え

一 あさりは、よく洗って、海水程度の濃度の塩水（分量外）につけ、砂出しをしておく。

二 水と白ワインを3：1の割合で、鍋の高さ$\frac{2}{3}$くらいまで入れて沸かし、あさりを入れ、あくを取りながら煮る。

三 あさりの殻があいたら、あさりを取り出し、身を殻からはずしておく。

四 土鍋に三のスープの上澄みを移し、塩で味をつけ、三のあさりの身と豆腐を入れて温める。器にとって、すだちを絞って食べる。

材料 2人分

あさり……400g
絹ごし豆腐……1丁
白ワイン……適量
塩……少々
すだち……2個

このタイプのワインにピッタリ!

ミュスカデ・ドゥ・セーヴル・エ・メーヌ

フランス中西部、ロワール地方、同名の地区産。ミュスカデ種。柑橘類やミネラル、パンのような香り。爽やかでドライな印象が持続。ミネラル感が、あさりの風味を引き立てる。

バルサミコ酢のかわりに黒酢を使って

たことハーブのサラダ　黒酢とはちみつドレッシング

材料　2人分

- たこ（生・刺身用）……足1本（中ぐらい）
- 好みのフレッシュハーブ……適量
- サラダ菜……適量
- トマト……適量
- A
  - 黒酢……大さじ2
  - はちみつ……小さじ1
  - オリーブ油……大さじ4
  - 塩……適量
- 塩、こしょう……各少々

一　たこは皮をむいてスライスし、冷やしておく。皮と吸盤はゆでて食べやすく切り、冷ます。

二　好みのフレッシュハーブ半量をみじん切りにして混ぜ合わせる。

三　ボウルにAを混ぜてドレッシングをつくる。

四　ボウルに一のたこを入れ、塩、こしょうをし、二のハーブ、三のドレッシングを混ぜる。

五　皿にサラダ菜を敷き、上に四を盛りつけ、トマトの角切りと、残りのハーブを散らす。

このタイプのワインにピッタリ!

ヴェルディッキオ・デイ・カステッリ・ディ・イェージ

イタリア中部、マルケ州産。ヴェルディッキオ種。かりん、黄色のりんご、白い花、ミネラル、ほのかにハーブや白いスパイス香。まろやかな果実味、酸味もしっかりとしており、後味はドライ。

すだちのかわりにグレープフルーツでも

白身魚のマリネ　すだち風味

一　すだちの絞り汁とEXVオリーブ油を混ぜてソースをつくる。

二　白身魚を薄くスライスして、重ならないように皿に並べ、塩、こしょうを全体にふる。

三　二に一のソースをかける。すだちのスライスをのせ、せん切りにした大葉を散らす。

材料　2人分

白身魚（刺身用すずきなど）……200g
塩、こしょう……各少々
すだちの絞り汁…大さじ2
EXVオリーブ油……大さじ4
すだち……1個
大葉……適量

このタイプのワインにピッタリ!

ニュージーランド・ソーヴィニヨン・ブラン

ソーヴィニヨン・ブラン種。柑橘類やグアバ、レモングラスなどのハーブ、白い花の香り。ふくよかな印象から、シャープな酸味が爽やかに広がり、ハーブの風味がマリネによく合う。

ワインで蒸すとふっくら仕上がる

うなぎの白ワイン蒸し

一 フライパンにうなぎを切らずにそのまま入れ（たれは使わない）、うなぎの$\frac{1}{3}$が隠れる程度に白ワインを入れ、沸騰したらふたがわりにアルミホイルをかぶせて、３分蒸す。

二 皿にサラダ菜類を敷き、うなぎをのせる。

三 一のフライパンの煮汁を煮つめて、グレープフルーツジュース、レモン汁、オリーブ油を入れて温め、塩、こしょうで味をととのえ、二にかける。

材料　2人分

うなぎのかば焼き…1尾分
白ワイン……………適量
サラダ菜類（サニーレタス、マーシュ、貝割れ菜など好みで）…………適量
グレープフルーツジュース…………………大さじ2
レモン汁…………大さじ1
オリーブ油………大さじ4
塩、こしょう……各少々

このタイプのワインにピッタリ!

グラーヴ

フランス、ボルドー地方、グラーヴ地区産。セミヨン、ソーヴィニヨン種など。かりん、黄色のりんご、ハーブ、麝《じゃ》香《こう》、焼けたパンなどの香り。まろやかでバランスのよい辛口。うなぎのふくよかな味に合う。

だし汁をたっぷりすったキャベツがうまい

ソーセージとキャベツの簡単ポトフ

一 キャベツは縦半分に切り芯を除く。

二 鍋にブイヨンを沸かす。

三 二にソーセージ、タイム、ローリエ、塩、こしょうを入れ、火にかけ、あくを取りながら弱火で5～7分間煮る。

四 三にキャベツを加え、キャベツがしんなり柔らかくなったところででき上がり。

五 器に盛り、粒マスタードを添える。飾りにローリエとタイムも添える。

材料　2人分

粗びきソーセージ……4～6本
キャベツ……$\frac{1}{4}$個
ブイヨン（固形でも可）……カップ2
タイム*……1枝
ローリエ*……1枝
塩、こしょう……各少々
粒マスタード……大さじ2

*タイム、ローリエは粉末でもよい

このタイプのワインにピッタリ!

シャブリ

フランス中部、ブルゴーニュ地方、シャブリ地区産。シャルドネ種。グレープフルーツや黄色のりんご、ミネラル、杏仁などの香り。柔らかくふくよかで、余韻にもミネラル感を残す。上品なポトフと合う。

ゴーヤのほろ苦さが白ワインとマッチ

ソーセージとゴーヤのチャンプル

一 ゴーヤは縦半分に切り、中の種を取り、5㎜幅に切る。ソーセージは7㎜幅に切る。玉ねぎはスライスする。豆腐は水きりする。

二 溶き卵は塩、こしょうして炒め、取り出す。

三 フライパンにサラダ油を入れ、ゴーヤ、ソーセージを炒め、さらに玉ねぎを加え炒める。

四 三に豆腐を手で軽くつぶしながら加え炒め、二の卵を入れて軽く炒め、だしの素、しょうゆ、塩、こしょうで味をととのえる。仕上げにごま油をふりかける。

材料　2人分

粗びきソーセージ…………3～4本
ゴーヤ…………$\frac{1}{2}$本
玉ねぎ…………$\frac{1}{4}$個
木綿豆腐…………$\frac{1}{2}$丁
溶き卵…………2個分
しょうゆ…………大さじ3
塩、こしょう…………各適量
だしの素…………少々
サラダ油…………少々
ごま油…………少々

このタイプのワインにピッタリ!

オーストラリア・リースリング

南オーストラリア州産。リースリング種。柑橘類やジャスミンの花、ミネラル、白こしょうなどの香り。爽やかでシャープな酸味が持続、ゴーヤの風味にマッチする。

粒マスタードの酸味で豚肉をさっぱりと

豚ばら肉とたっぷりねぎの蒸し煮

材料 2人分

豚ばら薄切り肉…200g
長ねぎ…3本
白ワイン…カップ$\frac{1}{2}$
ブイヨン…カップ$\frac{1}{2}$
オイスターソース…小さじ2
粒マスタード…小さじ2
塩…適量
ごま油…小さじ2

一 鍋に、ブイヨンを沸かす。沸いたら白ワインを入れ、さらに沸騰させる。食べやすい大きさに切った豚ばら肉、塩少々、オイスターソース、粒マスタードを入れる。豚肉が煮えたら、さらに2~3分煮つめ、味をみて塩かげんを調整する。

二 一にごま油を入れ、薄く斜めにスライスした長ねぎを豚肉の上にかぶせるようにのせて、ふたをして3分くらい、蒸し煮にする。

三 皿に二の長ねぎを敷き、その上に豚肉をのせ、煮汁をソースとしてかける。

このタイプのワインにピッタリ!

オーストリア・グリューナー・フェルトリナー

グリューナー・フェルトリナー種は、オーストリア全土のワイン産地で栽培する原産種。柑橘類やミネラル、白いスパイス香。味わいにも爽やかなミネラル感やほのかなスパイスの風味。

クリーミーでも重くない味わい

鶏ささ身とアスパラガスのわさびクリームソース

材料 2人分

鶏ささ身(筋を除く)…4本
グリーンアスパラガス
…………3〜4本
練りわさび……大さじ1
白ワイン……カップ3/4
生クリーム……大さじ4
バター…………大さじ2
塩、こしょう……各少々

一 グリーンアスパラガスは、下部1/2の皮を皮むき器などでむき、半分に切る。

二 鍋に湯を沸かし、鶏ささ身をさっとゆでる。グリーンアスパラガスも同じ鍋でゆでる。

三 別の鍋に白ワインを入れて半量まで煮つめ、生クリームを加える。沸騰したら弱火にしてバターを加え、塩、こしょうで味をととのえる。練りわさびを入れて混ぜ、ソースをつくる。

四 皿にソースを敷き、鶏ささ身、グリーンアスパラガスを盛りつける。

このタイプのワインにピッタリ!

アントル・ドゥー・メール

フランス、ボルドー地方産。ソーヴィニヨン、セミヨン種。柑橘類やハーブ、白い花、ミネラル香。柔らかく爽やかで軽快な味わいがアスパラやわさびの風味にも合う。

冷凍ギョーザでも十分おいしい

焼きギョーザのサラダ仕立て

一 小さいボウルに、ポン酢しょうゆ、レモン汁、オリーブ油を混ぜ合わせ、ドレッシングをつくる。

二 電子レンジで焼きギョーザを温めて皿に盛り、一を全体にかけ、貝割れ菜と、小口切りにした万能ねぎをたっぷりと散らす。

材料 2人分

焼きギョーザ（市販）……12個
ポン酢しょうゆ…大さじ3
レモン汁……大さじ3
オリーブ油……大さじ6
貝割れ菜……適量
万能ねぎ……適量

このタイプのワインにピッタリ!

オレゴン・ピノ・グリ

オレゴン州産。ピノ・グリ種。かりんや白桃、熟したいちじく、白いばらの香り、ほのかに白いスパイス香、まろやかな果実味主体。バランスよくアフターのスパイス感がギョーザの風味にも合う。

イクラご飯もワインがすすむ

イクラを合わせた冷たいご飯

一　ご飯をボウルに入れ、冷水で洗ってぬめりを取り、ざるに上げ、水けをよくきっておく。

二　ボウルにイクラ、白ワイン、レモン汁を入れ、一のご飯を加え、さらにオリーブ油を全体にかけ、さっくりと混ぜ合わせる。仕上げにせん切りにした大葉を飾る。

材料　2人分

ご飯……茶碗2杯
イクラのしょうゆ漬け
……150g
白ワイン……大さじ2
レモン汁……小さじ2
オリーブ油……大さじ2
大葉……3～4枚

このタイプのワインにピッタリ!

リアス・バイシャス・アルバリーニョ

スペイン北西部、リアス・バイシャス地区産。アルバリーニョ種。柑橘類や黄色のりんご、白い花、ミネラル香、ほのかにハーブや白いスパイス香。まろやかなミネラル感が海の幸によく合う。

干しあんずがふっくら柔らか

干しあんずのコンポート

一 鍋に分量の水と白ワインを入れて火にかけ、沸いたところで、はちみつ、砂糖を入れ、一煮立ちさせたら、干しあんずを加え、柔らかくなるまで弱火で煮て、冷やしておく。

二 器に、バニラアイスクリームと一のあんずをシロップといっしょに盛る。

材料　2人分

干しあんず……250g
白ワイン……カップ$\frac{1}{4}$
水……カップ1と$\frac{1}{4}$
はちみつ……大さじ2
砂糖……大さじ4
バニラアイスクリーム……適量

このタイプのワインにピッタリ!

パシュラン・デュ・ヴィック・ビル

フランス南西部、同名の地区産。プティ・マンサン種主体。パッションフルーツやはちみつ、黄色い花の香り。ふくよかな甘みとフレッシュな酸味のバランスがよく、あんずのコンポートによく合う。

バナナのワンランクアップレシピ

バナナのフランベ

一　フライパンの中央に黒砂糖を入れ、中火にかけ、周囲が溶けはじめたら、そのまわりからバターを入れて、全体を混ぜ合わせる。焦げないように火加減に注意する。

二　弱火にしてバナナを入れ、両面をこまめに返しながら、柔らかくなるまで火を通す。

三　ダークラムを入れ、マッチなどで火をつける(フランベ)。炎が消えたら、生クリームを入れて全体をからめる。

四　器に盛り、シナモンパウダーをふりかける。

材料　2人分

バナナ(6~7㎜幅に切る)……2本
黒砂糖……大さじ1と$\frac{1}{2}$
バター……大さじ2
ダークラム……カップ$\frac{1}{4}$
生クリーム……カップ$\frac{1}{4}$
シナモンパウダー……少々

◆ダークラムに火をつけるときは炎が上がるので、周囲を片づけてから行ってください。くれぐれもご注意を!

このタイプのワインにピッタリ!

ミュスカ・ドゥ・リヴザルト

南仏、ラングドック地方産のマスカットを使った甘口酒精強化ワイン。マスカットからの果実香が華やかで、豊かな甘みが、果物を使ったデザートによく合う。

すぐ飲みたい！

3分でできるおつまみ

白

ツナ缶を使って

ツナサラダ ガスパチョソース

レタスあるいは**サラダ菜**を刻み、器に敷き、ほぐした**ツナ**をのせる（フレーク状ならそのまま）。ボウルに、**トマトジュース100cc**と**レモン汁大1**、**塩**、**こしょう**、好みで**おろしにんにく**、あれば**タバスコ**を混ぜ、**オリーブ油**少々をたらして全体を混ぜ、ツナの上にかける。

＊トマトジュースをソースがわりに使ったサラダ。トマトジュースがなければ野菜ジュースでも。ツナの下に敷く野菜はお好みのもので。爽やか系の白ワインに。

焼きとりの塩缶を使って

焼きとりポトフ

小鍋に、**チキンコンソメの素**（顆粒）と**水約カップ1**を入れて温め、チキンスープをつくる。**焼きとり**を加えて、**塩**、**こしょう**で味をととのえる。ざく切りにした**キャベツ**を加えてさっと火を通してでき上がり。

＊キャベツはクタクタにしないで、シャキシャキ感が残るように。焼きとりとキャベツがメインなので、チキンスープの量は少なめでよい。爽やか系、まろやか系の白ワインに合う。

アスパラ缶を使って

ホワイトアスパラガスのグラタン

小さめのグラタン皿に**バター**か**マーガリン**をひき、水けをきった**ホワイトアスパラガス**を1列に並べて、全体に**マヨネーズ**を好みの量をかけ、**粉チーズ**をたっぷりふる。オーブントースターで焦げ目がつく程度まで焼いたら、でき上がり。

＊焼く前に、オリーブのスライスを散らしてもよい。まろやか系の白ワインに。

第2章
赤ワインに合う、おつまみ25選

赤ワインに合う料理をつくるコツ

値段の手ごろな赤ワインに、料理を合わせるポイントは、とてもシンプルです。「スパイスをふりかけたくなるような料理」をつくることで、赤ワインと相性がよくなります。なぜならば、赤ワインにはスパイスの香りと共通している香りが含まれているからです。

黒こしょう、ナツメグ、シナモン、オールスパイス、そして日本の七味や一味を添えたくなるような料理をイメージしていけば、自然に赤ワインとマッチするといっていいでしょう。

たとえば、レバーやラムを網焼きやステーキにしたときに、白こしょうよりも黒こしょうをふりかけ、スパイシーに香り高く仕上げたほうがおいしく、赤ワインと相性がよくなります。

かば焼きや照り焼き、焼きとりのたれ焼きには、七味や一味を添えることが多く、この場合も赤ワインにとてもよく合います。

オールスパイスを使ったビーフシチューや、ハンバーグ、デミグラス系ソースを使った料理などにも、赤ワインがぴったりです。

また赤ワインに合う料理をつくるときにも白ワイン同様、カラーコーディネートするといいでしょう。

明るい赤色のワインには、茶系の料理、濃い赤のワインには、かなり濃い茶色の料理をイメージするとわかりやすいと思います。

鶏肉を素材に例を挙げてみましょう。

しょうゆで下味をつけた鶏肉のから揚げは茶系の料理になります。オイスターソースや、赤みそ、しょうゆをそれぞれ少量使った炒め物は、仕上がりの色がやはり茶系になりますので、明るい赤色のワインに合います。

鶏肉を使った濃い茶色の料理というと、鶏肉の赤ワイン煮込み、すき焼き、甜麺《テンメン》

醤《ジャン》をたっぷり使った中華炒めなど。どれも濃い赤のワインに合います。

もちろんこれは、おおよそのイメージであり、それに近づけることで、赤ワインに合うというひとつの目安として考えてください。こうして発想を広げていくことで、和食、洋食、中国料理など、ジャンルを問わずに、赤ワインに合わせていくことができます。

「魚料理は白ワイン、肉料理は赤ワイン」といわれていた時代もありますが、ワインに合わせて「素材を選ぶ」のではなく、ワインに合わせて「素材の調理法を選ぶ」ことで、偏《かたよ》らずに楽しめるのです。

たとえばかつお。オリーブ油と黒こしょう、塩でカルパッチョにすれば、明るい赤色のワインに合います。かつおをステーキにし、赤ワイン、少量の八丁みそ、バターのソースをかければ濃い赤のワインに合います。

さて、最後に、料理とワインが確実に合う、究極のコツをご紹介しましょうか。

「飲むワインを料理に使うこと」です。

飲むワインを少し加えるだけで、料理と相性がよくなるだけではなく、料理の風味が増します。赤ワインも、白ワインも同様ですから、ぜひお試しください。

「赤ワインに合う料理は
ブラウンに仕上げる」

ピリッときいたカレー粉がグッド

ひよこ豆のスープ カレー風味

一 フライパンにオリーブ油をひき、ひき肉、玉ねぎとにんにくをみじん切りにして炒め、カレー粉を加えて炒める。

二 $\frac{1}{2}$量のひよこ豆を缶汁ごとミキサーにかけ、ピューレ状にする。

三 鍋にブイヨンを沸かし、カットトマト、一、二を入れ、温まったら残りの豆を入れる。

四 ローリエを入れ、塩、こしょうをして、あくを取りながら弱火で20分くらい煮る。器に盛り、EXVオリーブ油をふりかける。

材料 2人分

ひよこ豆缶
……1缶（240g）
合いびき肉……100g
玉ねぎ……$\frac{1}{2}$個
にんにく……1かけ
カレー粉……大さじ1
ブイヨン…カップ1と$\frac{1}{2}$
カットトマト缶
……1缶（200g）
ローリエ*……2枚
塩、こしょう……各少々
オリーブ油……少々
EXVオリーブ油……少々

*なくても可

このタイプのワインにピッタリ!

カリフォルニア・ジンファンデル

ジンファンデル種。黒系果実や黒こしょうなどのスパイス香、樹脂などの香り。まろやかな果実味、酸味も豊かでスパイシーな風味を残しカレー風味にもよく合う。

チーズときゅうりの大きさはそろえて

プロセスチーズときゅうりのキムチの素あえ

材料　2人分

プロセスチーズ……150g
きゅうり……大2本
キムチの素……大さじ2
オリーブ油……大さじ3
すだち……適量
イタリアンパセリ……適宜

一　プロセスチーズ、きゅうりは6～7㎜角に切る。

二　ボウルにキムチの素、オリーブ油を入れ、混ぜる。

三　二に一を入れて混ぜ合わせ、器に盛りつける。くし形に切ったすだちと、あればイタリアンパセリを添える。

このタイプのワインにピッタリ!

シノン

フランス中部、ロワール地方、シノン地区産。カベルネ・フラン種。ラズベリーや野ばら、木の芽のような香り。軽快で、後味のフレッシュな印象が、きゅうりとキムチの組み合わせにも合う。

風味とこくが魅力

マッシュルームのトマトジュース煮

一 マッシュルームは石づきを除き、ベーコンは1cm幅に切る。

二 鍋にオリーブ油を熱し、ベーコンを炒め、玉ねぎ、にんにくを加えて炒める。にんにくの香りが出てきたら、赤ワイン、トマトジュースを加える。

三 二にマッシュルームを入れ、煮汁が$\frac{1}{2}$量になるまで火かげんを調整して煮つめ、塩、こしょうで味をととのえる。

四 器に入れ、EXVオリーブ油をたらす。

材料　2人分

- マッシュルーム……16個
- ベーコンスライス……3枚
- 玉ねぎ（みじん切り）……$\frac{1}{4}$個
- にんにく（みじん切り）……1かけ
- 赤ワイン……カップ$\frac{1}{4}$
- トマトジュース……カップ1と$\frac{1}{4}$
- オリーブ油……少々
- 塩、こしょう……各少々
- EXVオリーブ油……少々

このタイプのワインにピッタリ!

リオハ・クリアンサ

スペイン北部、リオハ地区産。テンプラニーリョ種主体。黒系果実、スパイス、バニラなどの香り。ふくよかな果実味と渋味、後味はエレガントな印象でトマトの酸味ともよく合う。

にんにく＋パセリ＋バターがワインに合う

生しいたけのボルドレーズ

一 生しいたけは石づきを取り、1・5cm角に切る。にんにくはみじん切りにする。

二 フライパンにオリーブ油とバターを入れ、バターが溶けたら、生しいたけを強火で炒める。

三 二に、にんにくとパセリを入れ、香りが出たら、塩、こしょうで味をととのえる。

材料 2人分

生しいたけ……大8個
にんにく……1かけ
パセリのみじん切り……大さじ1
オリーブ油……大さじ1
バター……大さじ2
塩、こしょう……各少々

このタイプのワインにピッタリ!

ボルドー

フランス南西部、ボルドー地区産。メルロ、カベルネ種。黒系果実やスパイス、メントールの香り。渋みは厚みがあり全体にバランスがよい。スパイスの香りがにんにくの風味にもよく合う。

熱々でも、冷やしてもおいしい

ラタトゥイユ風野菜の炒め物

一 赤パプリカ、黄パプリカ、ピーマン、長なす、ズッキーニ、トマト、玉ねぎは7～8㎜角に切る。

二 フライパンにオリーブ油を入れ、にんにくを炒め、一のトマト以外の野菜を加えて炒める。

三 二にタイム、ローズマリーを入れ、塩、こしょうで味をつける。

四 野菜に火が通ったら、トマトを加え、トマトに火が通り、全体になじむまで軽く煮込んだら、でき上がり。

材料　2人分

赤パプリカ……1個
黄パプリカ*……1個
ピーマン……1個
長なす……1本
ズッキーニ……1本
トマト……2個
玉ねぎ……$\frac{1}{2}$個
にんにく（みじん切り）……1かけ
オリーブ油……大さじ3
タイム、ローズマリー**……各少々
塩、こしょう……各少々

*なくても可
**どちらか、また粉末でも可

このタイプのワインにピッタリ!

コート・ドゥ・プロヴァンス

南仏、プロヴァンス地方産。使用可能品種は多数。赤系や黒系果実香やスパイス、灌《かん》木《ぼく》などの香り。まろやかでバランスがよく、アフターのミネラル香が地方料理であるラタトゥイユによく合う。

色の濃いワインを使って一工夫

赤ワイン風味の冷ややっこ

一 豆腐は3等分し、10分ほど水きりして、密閉容器に入れる。赤ワインとミネラルウォーターを1：1の割合で合わせて豆腐の隙間にまんべんなく加え、1時間以上冷蔵庫で冷やしておく。豆腐を出し、器に盛る。

二 土佐じょうゆと赤ワインを3：1の割合で混ぜ、バルサミコ酢を加えてたれをつくる。

三 一の豆腐に二のたれをかけ、小口切りにした万能ねぎ、おろししょうがをのせる。最後にEXVオリーブ油をたらす。

材料 2人分

絹ごし豆腐……1丁
赤ワイン（若いタイプ）……適量
ミネラルウォーター……適量
たれ
　土佐じょうゆ……適量
　赤ワイン……適量
　バルサミコ酢……少々
万能ねぎ……適量
おろししょうが……少々
EXVオリーブ油……少々

このタイプのワインにピッタリ!

バルドリーノ

イタリア北東部、ヴェーネト州、バルドリーノ地区産。コルヴィーナ・ヴェロネーゼ種など。赤系果実や野ばらの香り主体。柔らかく滑らかで軽快な味わい。冷やしても楽しめる。

豆腐だからあっさりいける

豆腐の赤みそ煮 赤ワイン風味

一 油揚げに湯をかけて油抜きをし、1cm幅に切る。

二 鍋にだし汁を入れ、火にかける。

三 二に赤ワイン、赤みそ、砂糖を入れ、2/3量まで煮つめたところで、一の油揚げと半分に切った豆腐を入れる。

四 三の味をみて、赤みそ、砂糖（各分量外）で好みの味に調整し、仕上げにナツメグをふり、水溶き片栗粉を入れ、とろみをつける。

材料 2人分

木綿豆腐……1丁
油揚げ……1枚
だし汁……カップ1
赤ワイン……カップ1
赤みそ（八丁みそ）……大さじ2
砂糖……大さじ2
ナツメグ……少々
水溶き片栗粉……適量

このタイプのワインにピッタリ!
VACQUEYRAS

ヴァケイラス

南フランス、ローヌ河南部、ヴァケイラス地区産。グルナッシュ種など。黒系果実、スパイス、樹脂、土などの香り。ふくよかな果実味、渋みは厚みがあり、赤みその風味にもよく合う。

生クリームで仕上げて、赤ワイン向きに

ひじきと納豆のグラタン アンチョビ風味

材料 2人分

- ひじきの煮物……120g
- 納豆（70g入り）……2パック
- アンチョビフィレ……6〜7枚
- 生クリーム……70cc
- バター……小さじ2
- 塩、こしょう……各少々
- オリーブ油……少々
- パルメザン粉チーズ…適量

一 鍋に生クリームを入れて沸かし、納豆、塩、こしょうを入れ、鍋の中で軽く練り合わせ、バターを加え混ぜる。

二 耐熱皿にひじきの煮物を平らになるように入れ、オリーブ油をふりかけ、一を上からかぶせ、細かく切ったアンチョビをところどころにのせて、粉チーズを上からふる。

三 250℃のオーブンで3〜5分焼く。

キャンティ

イタリア中部、トスカーナ州、キャンティ地区産（キャンティ・クラッシコも可）。サンジョヴェーゼ種主体。黒系果実香にスパイス、土、樹脂などの香り。味わいは全体にバランスよく滑らかで、香りが納豆やアンチョビの風味とも合う。

赤ワインを入れて甘みを締めるのがコツ

オイルサーディンの卵とじ

一　鍋にめんつゆと赤ワインを５：１の割合で、全体が１００〜１２０ccになるよう用意し、火にかけ、砂糖を加える。

二　一の鍋にスライスした玉ねぎを加え、煮えたら、油をきったオイルサーディンを加える。

三　サーディンに軽く火が通ったら、溶き卵の$\frac{2}{3}$量を加え、中火にしてふたをし、少し固まったところをみはからい、残りの卵を加えて、さっと火を通す。

四　器に三を盛り、パセリのみじん切りをふる。

材料　２人分

- オイルサーディン……８本
- 玉ねぎ……$\frac{1}{6}$個
- めんつゆ（市販）……適量
- 赤ワイン……適量
- 砂糖……少々
- 溶き卵……３個分
- パセリ……少々

このタイプのワインにピッタリ!

コート・デュ・リュベロン

南フランス、ローヌ河南部、コート・デュ・リュベロン地区産。グルナッシュ種など。黒系果実香に甘苦いスパイス香やすみれの花などの香り。まろやかで柔らか、軽快さも含みサーディンのうまみを引き立てる。

ソーセージのうまみでいわしがフレンチ風に

ソーセージといわしの赤ワイン煮

材料　2人分

- 粗びきソーセージ……4本
- 真いわし……4尾
- A
  - 赤ワイン……カップ1と$\frac{1}{2}$
  - しょうゆ……大さじ2
  - 砂糖……大さじ2
- おろししょうが……適宜

一　いわしはうろこを取り、洗う。ソーセージは切り目を入れる。

二　鍋にいわし、ソーセージ、Aを入れ、アルミホイルなどで落としぶたをして煮る。途中、味をみながら調味料（分量外）で味をととのえる。ある程度火が通ったら、煮汁をいわしにかけながら、照りを出していく。

三　器にいわしとソーセージを盛る。

四　煮汁を少し煮つめて、三にかける。好みでおろししょうがをのせる。

このタイプのワインにピッタリ!

ダン

ポルトガル北部、ダン地区産。トゥーリガ・ナシオナル、ティンタ・ロリス種など。赤系や黒系果実香、甘苦いスパイス、土などの香り。まろやかな果実味、タンニンは厚みがありソーセージの風味とも合う。

ピリッと辛い即席おつまみ

まぐろのキムチあえ

一　まぐろは一口大に切る。

二　キムチは細かく切る。

三　ボウルに一と二（キムチの汁も入れる）を入れ、ごま油を加えてあえる。

四　大葉を敷き、その上に三をのせ、あればイタリアンパセリを飾る。

材料　2人分

まぐろの赤身……160g
白菜のキムチ……100g
ごま油……少々
大葉……適量
イタリアンパセリ……適宜

このタイプのワインにピッタリ!

バルベーラ・ダルバ

イタリア北西部、ピエモンテ州産。バルベーラ種。アルバ地区以外の地区も可。赤系果実香や野ばらの香り、樹脂、ミネラル香など。果実味と酸味のバランスがよく、キムチの乳酸の酸味とも合う。

切って混ぜるだけの即席おつまみ

まぐろのタルタル風

一　まぐろは5㎜角に切る。玉ねぎは細かいみじん切りにする。

二　ボウルにAを入れ、混ぜ合わせておく。

三　二に一のまぐろと玉ねぎ、あれば松の実、パセリを加え、全体をよく混ぜ合わせ、塩、こしょうで味をととのえる。

四　三を好みの型に抜いて、上に果肉をみじん切りにしたトマトとあればセルフィーユを飾る。

材料　2人分

まぐろの赤身……200g
玉ねぎ……30g
A
- マヨネーズ…大さじ2
- おろしにんにく……小さじ1
- しょうゆ……大さじ1
- 練りわさび…小さじ1
- バルサミコ酢……小さじ2

松の実……適宜
パセリのみじん切り…適量
塩、こしょう……各少々
トマト……少々
セルフィーユ……適宜

このタイプのワインにピッタリ!

ソミュール・シャンピニィ

フランス中部、ロワール地方、ソミュール・シャンピニィ地区産。カベルネ・フラン種主体。赤系果実香や新芽、タイムなどの香り。柔らかで爽やかさも感じられ、生のまぐろによく合う。

まぐろを南仏風に

まぐろのタプナード

一 まぐろを5㎜幅に切り、しょうゆに5分つけて汁けをきる。

二 タプナードをつくる。黒オリーブ、アンチョビフィレ、ケッパーは、それぞれをみじん切りにする。量は4：1：1の割合で混ぜ、オリーブ油でよくあえる。

三 一のまぐろの上に二のタプナードをのせ、上からEXVオリーブ油をかけ、バジルを飾る。

材料　2人分

まぐろの赤身……160g
しょうゆ……適量
タプナード
　黒オリーブ、アンチョビ
　フィレ、ケッパー
　……各適量
オリーブ油……適量
EXVオリーブ油
　……少々
バジル……少々

このタイプのワインにピッタリ!

コート・デュ・ローヌ

フランス南部、コート・デュ・ローヌ地方産。グルナッシュ、シラー、サンソー種など。黒系果実香やすみれの花、甘苦いスパイス香、土などの香り。まろやかでふくよかな果実味が料理をよりまろやかな味わいへ引き立てる。

サイコロステーキをイメージ

まぐろのペッパーステーキ

一 鍋に赤ワインを入れて$\frac{1}{2}$量に煮つめ、Aを加え、仕上げにバターを入れてソースをつくる。

二 黒こしょうを粗めに砕く。

三 まぐろは1・5～2cmの角切りにして塩をし、二の黒こしょうを全体にまぶす。

四 フライパンにオリーブ油を熱し、三のまぐろの全面をさっと焼く。

五 四を皿に盛り、一のソースを添え、あればローズマリーを飾る。

材料　2人分

まぐろの赤身（さく）……………300g
黒こしょう（粒）……適量
赤ワイン……カップ$\frac{1}{2}$
A
しょうゆ…カップ$\frac{1}{4}$
砂糖………大さじ1
バルサミコ酢
…………小さじ1
バター…………15g
塩…………少々
オリーブ油………適量
ローズマリー………適宜

このタイプのワインにピッタリ!

クローズ・エルミタージュ

フランス、コート・デュ・ローヌ北部、クローズ·エルミタージュ地区産。シラー種。黒系果実やすみれの花、黒こしょうなどの香り。酸味や渋みがしっかりとしており、ペッパーステーキに合う。

照り焼きも赤ワインに合う調理法

まぐろの照り焼き

一　ボウルに、Aを入れてよく混ぜ、まぐろを15分ほどつけ込む。

二　一のまぐろの汁けをキッチンペーパーなどでふき取る。フライパンにオリーブ油をひいて焼き、片面を返したところで一のつけ汁を少量加え、汁をなじませながら焼き、ミディアムに焼けたところで皿に盛る。

三　二のフライパンに残りのつけ汁を入れて煮つめ、まぐろの上にかけ、黒こしょうをふる。

材料　2人分

まぐろ（中トロ）……2切れ
（1切れ100〜150g）

A
- 赤ワイン…カップ$\frac{1}{2}$
- みりん……大さじ2
- しょうゆ……大さじ2
- 黒砂糖……小さじ1

オリーブ油……適量
黒こしょう……少々

このタイプのワインにピッタリ!

南アフリカ・ピノタージュ

ピノタージュ種はピノ・ノワールとサンソー種の交配種。赤系や黒系果実香、野ばら、土、枯れ葉などの香り。まろやかで滑らかな味わいがまぐろの料理にも合う。

肉じゃがも一工夫で洋風に

肉じゃがの赤ワインバター風味

一　鍋に赤ワインを入れ、$\frac{1}{3}$量まで煮つめる。黒砂糖、バターを入れ、混ぜる。

二　一に肉じゃがを加え、全体を混ぜ合わせる。全体が温まったら、ナツメグをまんべんなくふりかける。

材料　2人分

肉じゃが…………200g
赤ワイン………カップ$\frac{1}{2}$
黒砂糖…………大さじ2
バター……………10g
ナツメグ…………少々

このタイプのワインにピッタリ!

ボージョレ・ヴィラージュ

フランス中部、ボージョレ地区産。ガメイ種。ラズベリーやすみれの花、甘草などの香り。軽快でまろやか、渋みがひじょうに滑らか。甘草の風味が肉の脂の風味によく合う。

スパイシーで上品な味

ソーセージと玉ねぎのオイスター炒め

一　小さいボウルに、赤ワイン、オイスターソースを入れて、混ぜておく。

二　ソーセージは5cm幅に斜めにスライスする。玉ねぎは繊維にそって5mm幅にスライスする。

三　フライパンにサラダ油を熱し、ソーセージ、玉ねぎを入れ、玉ねぎが軽く色づくまで強火で炒める。

四　三に一を入れ、全体をかき混ぜる。仕上げに、オールスパイス、ごま油をふる。

材料　2人分

粗びきソーセージ……4〜5本
玉ねぎ……1個
赤ワイン……大さじ3
オイスターソース……大さじ2
オールスパイスまたは五香《ウーシャン》粉《フエン》……少々
サラダ油……少々
ごま油……少々

◆五香粉は、八角、丁字、実山椒などをベースにした中国料理のスパイス。オールスパイス同様、赤ワインの複雑な香りに合わせる「魔法のひとふり」です。

このタイプのワインにピッタリ!

コルビエール

南フランス、コルビエール地区産。グルナッシュ、シラー、カリニャン種など。黒系果実やスパイス、灌木、樹脂などの香り。ふくよかで甘苦いタンニンが広がり、オイスターソースとも合う。

熱々を食べたい

カマンベール・フォンデュ サイコロステーキ

材料 2人分

カマンベールチーズ
……1個（250g）
豚肩ロース肉……200g
塩、こしょう……各少々
オリーブ油……少々
サニーレタス……適量

一 カマンベールチーズは上面を包丁で切って取り除き、耐熱皿にのせ、アルミホイルをかぶせて、250℃のオーブンで7分加熱する。

二 豚肩ロース肉は一口大に切って、塩、こしょうをする。フライパンにオリーブ油を熱し、サイコロステーキの要領で焼く。

三 一がフォンデュのようにとろりと溶けたら、オーブンから取り出す。皿にサニーレタスを敷き、ピックを刺した豚肉をのせる。豚肉にチーズをからめて食べる。

このタイプのワインにピッタリ!

オーストラリア・ヤラ・ヴァレー・ピノ・ノワール

ピノ・ノワール種。野いちごや野ばら、紅茶の葉、土などの香り。まろやかでふくらみがあり、滑らかな味わいがチーズフォンデュと溶け合う。

漬物をピクルスと捉えて、ソースに

鶏のから揚げとしば漬けのあんかけ

材料 2人分

鶏のから揚げ……1パック（300g）
しば漬け……大さじ2
ブイヨン……カップ$\frac{3}{4}$
トマトケチャップ……大さじ1と$\frac{1}{2}$
バルサミコ酢……小さじ1
砂糖……少々
塩、こしょう……各少々
水溶き片栗粉……適量

一 しば漬けはみじん切りにする。

二 鍋にブイヨン、ケチャップ、バルサミコ酢、砂糖を入れ、火にかけ、一を加える。塩、こしょうで味をととのえ、水溶き片栗粉でとろみをつける。

三 鶏のから揚げを電子レンジで温め、皿に盛り、上から二をかける。

このタイプのワインにピッタリ!

ヴァルポリチェッラ

イタリア北東部、ヴェーネト州、ヴァルポリチェッラ地区産。コルヴィーナ・ヴェロネーゼ種主体。黒系果実香に甘苦いスパイス香や土の香り。まろやかな果実味から、滑らかなタンニンを感じ、鶏のうまみを引き立てる。

赤ワインの割り下でおいしく

牛肉のすき焼き風赤ワイン煮

一 フライパンにオリーブ油を熱し、スライスした玉ねぎを炒める。

二 一に赤ワインを入れ、半量以下になるまで煮つめ、しょうゆ、黒砂糖で好みの味つけをする。

三 二に牛肉を2回に分けて加え、軽く（レアかミディアム）火が通ったら、別皿に取っておく。

四 皿に三の玉ねぎを敷き、上に牛肉をのせ、全体に煮汁をかける。

材料 2人分

牛肉（すき焼き用）……400g
玉ねぎ……2個
赤ワイン……約550cc
しょうゆ……適量
黒砂糖……適量
オリーブ油……大さじ1

このタイプのワインにピッタリ!

アルゼンチン・マルベック

近年アルゼンチンを代表する品種がマルベック種。黒系果実香にスパイス、バニラ、ロースト香など。豊潤でこくのある味わいがすき焼き風のこくともよく合う。

ワイン飯はさけ茶漬けにしてもいい

まぐろのワイン漬けとワイン飯

一 バットに5㎜幅に切ったまぐろを並べ、まぐろがつかるぐらいの量のしょうゆと赤ワインを2：1の割合で入れ、ラップをして冷蔵庫に10～15分ねかせておく。

二 すし酢をつくる。赤ワインを鍋に入れ、$\frac{1}{5}$量になるまで煮つめ、黒砂糖、塩で味をつける。

三 ご飯を炊き、二のすし酢をむらなく混ぜる。

四 器に三のワイン飯を握って盛り、その上に一のまぐろをのせる。

材料　2人分

まぐろの赤身……200g
つけだれ
　赤ワイン……適量
　しょうゆ……適量
ワイン飯
　米……2合
　水……カップ2と$\frac{1}{5}$
すし酢
　赤ワイン……カップ1と$\frac{3}{4}$
　黒砂糖……少々
　塩……小さじ1

このタイプのワインにピッタリ!

アルザス・ピノ・ノワール

フランス北東部、アルザス地方産のピノ・ノワール種。赤系果実香、野ばら、枯れ葉などの香り。柔らかく滑らかでスマートさも含む味わいが、まぐろの漬けとも合う。

缶詰を使って、ササッとおもてなしごはん

さけとトマトのライスグラタン

一　鍋にオリーブ油、にんにくのスライス、赤唐がらしを入れ、香りが出てきたら、ホールトマトをつぶしながら入れる。

二　一を２/３量に煮つめたところで、さけをほぐし汁ごと入れ、さらに２/３量まで煮つめ、塩、こしょうで味をつける。

三　ご飯を温め、バターであえておく。

四　耐熱皿に三のご飯を平らに入れ、上に二とチーズをのせて、２５０℃のオーブンで３～４分、表面に焦げ色がつくまで焼く。

材料　２人分

さけの水煮缶
……１缶（１８０g）
ホールトマト缶…１５０g
にんにく……１かけ
赤唐がらし……少々
オリーブ油……大さじ１
塩、こしょう……各少々
ご飯……茶碗２杯
バター……３０g
ピザ用チーズ……適量

このタイプのワインにピッタリ!

モンテプルチアーノ・ダブルッツォ

イタリア中南部、アブルッツォ州産、モンテプルチアーノ種使用。赤系果実香や野ばら、ほのかにスパイス香。柔らかでバランスのとれた味わいがトマトの風味によく合う。

焼きおにぎりもバルサミコ酢で洋風に

さけフレーク入り卵ご飯のおやき

材料 2人分

- さけフレーク……70〜80g
- A
  - 溶き卵……1個分
  - 塩、こしょう……各少々
- 赤ワインご飯
  - 米……2合
  - 赤ワイン……40cc
  - 水……320cc
- オリーブ油……少々
- 赤ワイン……カップ$\frac{1}{4}$
- バルサミコ酢……大さじ2
- 砂糖……大さじ1

一 米を洗って赤ワインと分量の水を炊飯器に入れ、赤ワインご飯を炊く。

二 ボウルに一を茶碗2杯、さけフレーク、Aを入れて混ぜて2等分し、ハンバーグの要領で2個に丸めて平らにする。

三 フライパンにオリーブ油を熱し二を入れ、弱火で両面をゆっくり焼く。

四 小鍋に赤ワイン、バルサミコ酢、砂糖を入れて、$\frac{1}{3}$量以下になるまで煮つめる。皿に三を盛り、ソースをかける。

このタイプのワインにピッタリ!

ラクリマ・クリスティ・デル・ヴェズヴィオ

イタリア南部、カンパーニャ州産。ラクリマ・クリスティは「キリストの涙」の意。赤系果実香や野ばら、ローズマリーなどの香り。柔らかでまろやかな味わいは、米やパスタ料理にもよく合う。

だし汁は濃いめにするのがコツ

かつおそば

一 鍋にだし汁、日本酒、薄口しょうゆ、みりんを入れ、沸かす。

二 かつおは5㎜幅にスライスする。

三 鍋に湯を沸かし、そばをゆで、器に盛る。

四 二のかつおを三のそばの上にのせ、一を全体に注ぎかける。

材料 2人分

かつお（刺身用）……160g
そば（乾）……160g
そばつゆ
だし汁（削り節、昆布）……カップ1と$\frac{1}{4}$
日本酒……25cc
薄口しょうゆ……25cc
みりん……25cc

このタイプのワインにピッタリ!

ドルチェット・ダルバ

イタリア北西部、ピエモンテ州産。ドルチェット種。甘い（ドルチェ）からついた品種の名。カシスなどの果実香にすみれの花や甘苦いスパイス香。まろやかでスマートな果実味主体で、そばつゆの味わいとも合う。

好みの甘さに調整して

いちごのスープ

一 鍋に赤ワインと分量の水を入れ、火にかける。沸騰したら、甘さを調整しながらいちごジャムを溶かしてシロップをつくり、冷ましておく。

二 いちごの$\frac{1}{2}$量と一をミキサーにかけてスープ状にし、冷蔵庫で冷やす。

三 スープ皿に二を入れ、残りのいちごとラズベリーを盛る。上にミントの葉を飾る。

材料 2人分

いちご……………1パック
赤ワイン………カップ$\frac{1}{2}$
水………………カップ1
いちごジャム………適量
ラズベリー…………適量
ミントの葉…………少々

このタイプのワインにピッタリ!

ロゼ・スパークリング

ラズベリーや白やピンクの花、ミネラル香。まろやかでバランスがよく、気泡の刺激がフレッシュ感を与え、特にいちごなどの赤系果実を使ったデザートによく合う。

さんまのかば焼き缶を使って

さんま缶の即席赤ワイン煮風

鍋に、**さんまのかば焼き**を広げ、**赤ワイン**を鍋底から２㎜ほど入れ、**黒こしょう**をふり、アルミホイルで落としぶたをし、さらに鍋のふたをして１分中火で蒸す。ひっくり返して、さらに１分蒸して皿に盛る。鍋に残った汁に、**バター**をひとかけ溶かし混ぜ、さんまにかける。

＊赤ワインでかば焼きを「蒸す」ので、赤ワインの量は少なくてよい。さんまのかば焼きを洋皿に盛る演出も大切。ゴージャスな雰囲気が漂う料理に変身する。

即席カップ焼きそばを使って

焼きそばのスパニッシュオムレツ

カップ焼きそばを普通につくる。**キャベツ**を約５㎜幅に刻んで電子レンジで軽く加熱する。でき上がった焼きそばを５㎝ぐらいの長さに切ってボウルに入れ、キャベツ、**溶き卵**（３個分）を入れて全体を混ぜる。フライパンで両面を焼く。焼いている間に、小鍋に**赤ワイン**、**とんカツソース**（または**お好み焼きソース**）を３：１の割合で入れて煮つめ、オムレツのソースをつくる。

＊キャベツはシャキシャキ感が残る程度に、電子レンジで加熱。オムレツは中がとろとろのほうがおいしい。

コンビーフを使って

じゃがコンビーフ

じゃが芋２個は皮をむき、１㎝角に切り、電子レンジで加熱する。フライパンに大さじ２の**オリーブ油**、**おろしにんにく**を入れて火にかけ、香りが立ったら、大まかにほぐした**コンビーフ**を炒め、じゃが芋を加えて焼き、**塩**、**黒こしょう**で味をととのえる。

＊手間がかからないわりには、豪華に見える料理。コンビーフを買い置きしておけば、ふいの来客にも対応できる。

第3章

自分好みのワインの見つけ方

自分好みのワインの見つけ方

手ごろな価格のワインからはじめる

「家庭ではどのぐらいの価格帯のワインを飲めばいいのでしょうか？」

こういった質問をよく受けます。

そんなときは、日常、楽しむのであれば、８００円から１０００円台のワインのなかでお気に入りを探してみてはいかがでしょうか、とお答えしています。

たとえばフランスでは、大手スーパーに行くと、２ユーロ＊、３ユーロのワインがたくさん売られています。日本円に換算すると、２００円台、３００円台というところです。このあたりの価格のワインがフランスの一般家庭の「普段飲みのワイン」になります。

フランスから日本に輸入される場合、船賃と税金、日本国内の流通コストなどで1本あたり２５０円くらいプラスされます。それから逆算すると、日本で１０００円台のワインは、おそらくフランスの一般家庭で飲まれているワインよりもレベル

＊1ユーロ=127.84円（2009年4月24日現在）

が高く、かなり楽しめる価格帯だといえます。

ワインには５０００円とか、１万円を超えるものがたくさんあります。こういう、いってみれば高級ワインは「とっておきのワイン」にあたります。普段飲みのワインというより、記念日とか、バースデイとか、なにかいいことがあったときにあけたいワインのジャンルに入ります。

こういった「とっておきのワイン」を楽しむには、１万円台のワインは味がわかっていないと判断できず、残念ながら「とっておき」という価値がわからないわけです。価値をわからずに飲むのは、とてももったいない気がします。

ですから、値段の手ごろな価格帯のなかからお気に入りのワインを見つけて、普段からワインに慣れ親しんでおくと、とっておきのワインに遭遇したときに、その価値がわかり、楽しみは倍加するはずです。

そういう意味で、それほど敷居の高くない、１０００円台の手ごろなワインからスタートすることをおすすめしたいのです。

店選びのコツは、回転率のよいこと

さて、「1000円台のワインから自分のお気に入りを探す」という目標は見つかりました。ではそれをどこでどうやって見つけるかということになります。

確実な方法はプロの助けを借りるということです。

ワインの売り手である酒屋さんに相談するのが、もっとも近道です。そういう意味ではまずワインの対面販売をしている店に出かけることをおすすめします。お客さんが多そうな、つまりワインの回転率がよさそうな店をまず探しましょう。ワインにほこりがかぶっているような店は避けたほうが無難です。

さらに店を選ぶとき、品ぞろえもある程度、重要ではありますが、それ以上に大事なことは「売り手の力量」です。

初めての店にはいると、たいてい店のスタッフは、「どんなワインをお探しですか」と聞いてきます。

そのときに、「酸味が爽やかで軽快な白ワイン」「酸味がまろやかでこくのある白ワイン」「渋みの軽い軽快な赤ワイン」「渋みがありこくのある赤ワイン」というふうに、自分の求める味を具体的に伝えてみましょう。もちろん1000円台で探しているという予算も必ずつけ加えることを忘れずに――。

味の説明をしてくれる店員を探せ

自分自身で味を確かめてワインの品ぞろえをしているような店のスタッフは、何本か銘柄を選んで、味わいの説明をしてくれるはずです。

ところが、味の説明よりも、土壌や醸造法など専門用語を使ってワインを説明しようとする店は、敬遠したほうがよさそうです。ましてや、こちらの問いに、首をかしげて答えられないような店だったら、すぐに退散しましょう。

ワインの味がわかり、プロ意識の高い店ならば、わかりやすくアドバイスをしてくれ、好みに合うワインを必ずすすめてくれるはずです。

そういう店で、まずおすすめの１本を購入して、家で料理をつくって料理といっしょに飲んでみてください。そのワインが自分のイメージに近いような味なら、その店に通ってワイン選びの相談をするのがいいと思います。

さて、１０００円台のワインでたとえば、「酸味が爽やかで軽快な白ワイン」を試してみて、結構それが気に入ったとしましょう。しかし、すぐにそのタイプを追求するのではなく、今度は「酸味がまろやかでこくのある白ワイン」など、タイプのまったく異なる白ワインを店のスタッフにすすめてもらって、それをぜひ試してみてください。そうすることで、ワインの味は幅広いことが実際によく理解できますし、意外な発見があるかもしれません。

新しいタイプのワインを飲むときには、この本を参考に、そのワインのタイプに合う料理をつくって楽しんでみてください。

ワインの味は食べる料理で変化する

ワインは、料理を楽しむための食中酒です。もっというと、ワインは、料理の仕上げ、つまり最後の最後に加える「調味料」のようなものと考えていいのです。ワインだけを飲んで、飲みやすいとか、飲みにくいというのではなく、料理と組み合わせることによって、ワインの味わいは単体のときよりもずいぶんと印象が変わります。

ですから、たとえば爽やかタイプの白ワインを買い求めたはずだったのに、あけて飲んでみたら、自分の感覚としてはまろやか系だったならば、それに合わせて料理をアレンジすればいいのです。

そういう意味では、料理をつくる前に、ワインをあけて味をみるというのもいい方法かもしれません。もし、たとえ自分の好みに合わないワインであっても、「白ワインに合う料理をつくるコツ」（P18）や「赤ワインに合う料理をつくるコツ」（P74）を参考に、料理を調整することで、おいしくワインを飲むことができます。

これが、ほかのお酒にはない、ワインのもつ「マジック」のようなものかもしれません。ワインの風味は自分では変えられませんが、自分のつくる料理ならどんどん変えられます。こうして柔軟に料理を発想して、実際につくって、ワインと合わせることで、食卓の会話もいっそう弾むと思います。

好みがわかったら、同じ産地のちょっと高いワインを

そうしていくなかで、自分は「このタイプのワインが好き」ということがわかるようになります。

そうしたら、今度は、同じ味のタイプのものを選んで飲んでいきます。同じぶどう品種にするとか、同じ産地を中心に飲んでいくうちに、さらに、自分の好きな味

の傾向がしぼられて、それが感覚的にわかるようになります。

さらに、今度は、いつもの１０００円台ではなく、同じ品種、同じ産地の、３０００円台のものにチャレンジしてください。味の違いがわかるはずです。

どちらが好きかというよりも、味の違いがわかることが大切です。もし３０００円のほうがいつも飲んでいる１０００円台のものよりもおいしいと感じたら、今度は１０００円台のワインから、その３０００円のワインの味わいに近いワインを探すことができるようになります。つまり、手ごろな価格帯のワインのなかから自分好みの、優れたワインを見つけることができるのです。

ワインの本を読んで、地図を見ながら産地を覚える、あるいは品種を覚えるというような知識を主体にした勉強では、途中でイヤになってしまいます。

それよりはワインの栓をあけて、実際に味をみて、料理をつくって飲んでみたほうが実践的で楽しいと思いますが、いかがでしょうか。

こうして味を覚えていくと、５０００円のワインを飲んだときに、その違いがわかり、ますますワインの魅力にはまるはずです。

お手ごろ価格のワインは早めに飲む

ちなみに、１０００円台のワインを買うときの注意点ですが、ヴィンテージ（収穫年）の古いものは避けましょう。できるだけ若いワインを買うことをおすすめします。

購入したら、週末あるいは数ヵ月以内に飲むのであれば白ワインも赤ワインも、冷蔵庫に入れておいてもOKです。ボトルを横に寝かせても、立てておいてもどちらでもかまいません。神経質になる必要はありません。

白ワインは、飲む直前に冷蔵庫から出して、飲みはじめます。ワインクーラーで冷やしたりしなくても、ワインの温度が徐々に上がることで、味わいがだんだんまろやかになり、その変化も楽しみのひとつです。

赤ワインは、飲む30分くらい前に冷蔵庫から出して、ひんやりとした温度から飲むのがおいしい気がします。温度が上がるにつれて香りが開いてボリューム感も増してきますから、自分の好みの温度もわかるようになります。

グラスは、日常用として、カップの部分が卵を立てたような形状であれば、赤でも白でもオールマイティに使えます。グラスの容量は３００ccくらいが入る大きめのものがよく、ワインは50ccから70ccをついで、グラスの上部に空間をつくることで、香りをより華やかに楽しむことができます。

残ったワインはアレンジする

ワインが残った場合、数日間ならコルクにラップをしてから栓をし、冷蔵庫で保存してもいいし、手間でなければ小瓶に満杯になるように移し替えておくと、より長くよい状態で保存がききます。

飲み残しのワインを、雰囲気を変えて楽しみたい場合、白ワインならジンジャエールで割る、あるいは炭酸で割ってレモンスライスを浮かべて……という飲み方もあります。赤ワインならコーラで割ったり、あるいはシナモンなどのスパイスやオレンジのスライスを入れてホットワインにして楽しむという方法もあります。

ワインは料理をおいしくするだけでなく、食卓の会話をスムーズにして楽しく盛り上げます。ぜひ自分のお気に入りのワインと料理の組み合わせを見つけて、楽しんでみてください。

グラフを使って分類を視覚化しよう

さて、ここまでは、いわば「未知のワイン」から自分好みの銘柄を見つける手法を紹介してきました。知っている銘柄であっても、収穫年の作況や保存状態によって、微妙な味わいの差が生まれるのもワインの特徴です。

この本だけでも50銘柄のワインを紹介していますし、実際にご自身でワインショップを歩かれたら、その数はさらに増えるに違いありません。何日も、あるいは何ヵ月も前に味わったワインと、今味わっているワインを正確な基準で比較せよといわれても、これまた難しい注文かと思います。

そこで、この本で紹介しているワインに関して、個々の銘柄の特性を、次ページでチャートグラフにしてみました。これは、ある程度、自分の好みを知っている方なら、その銘柄のポイントに近いものから攻めることで、理想に近いワインを早く見つける手助けになると思います。

または、こうした基準にのっとって、ご自身で試された銘柄もグラフ上に印をつけていけば、自分なりの比較基準として利用することもできます。

ぜひ、活用してみてください。

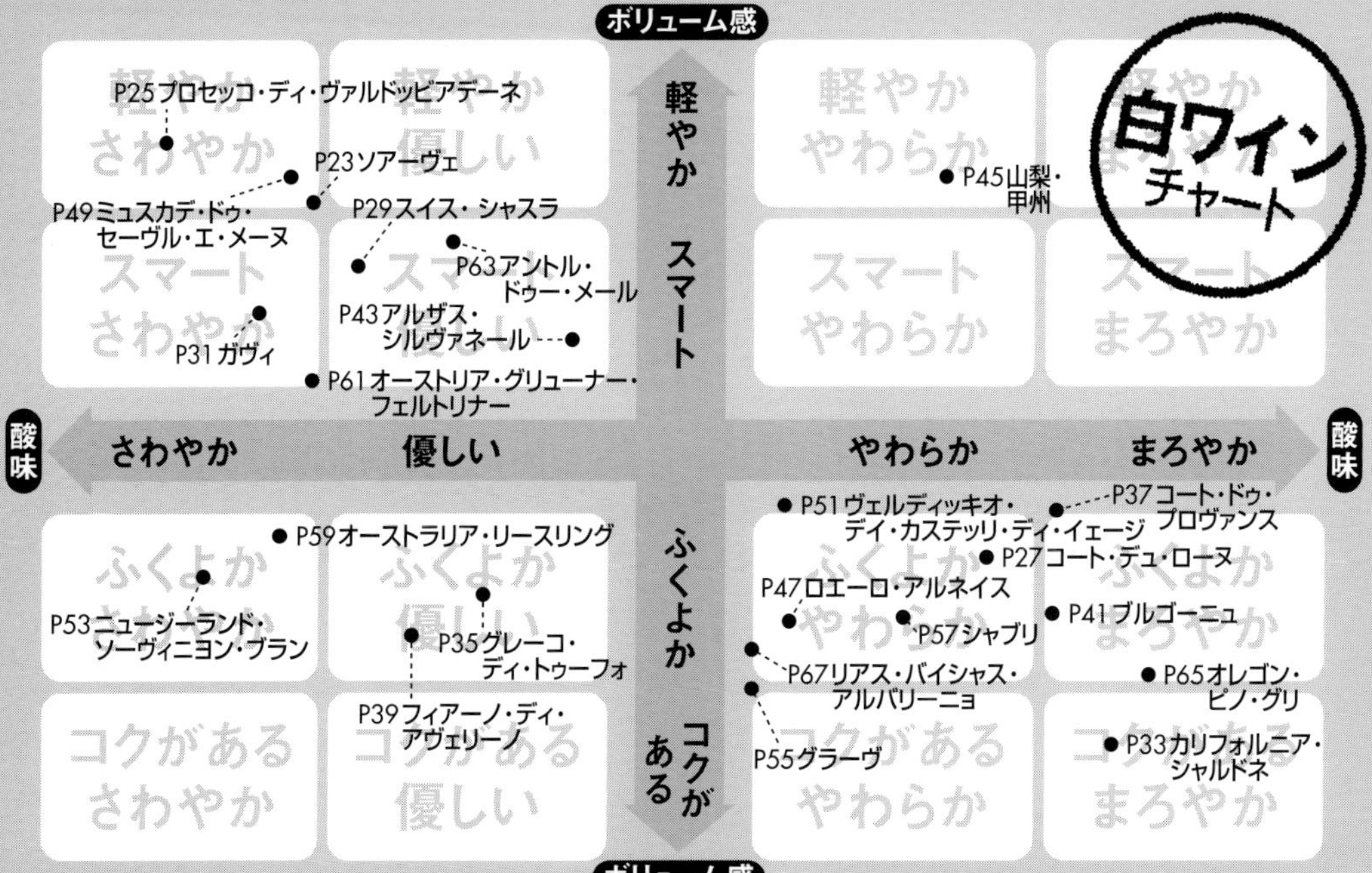
白ワインチャート
ボリューム感
酸味
軽やか
スマート
ふくよか
コクがある
さわやか
優しい
やわらか
まろやか
軽やか さわやか
軽やか 優しい
軽やか やわらか
軽やか まろやか
スマート さわやか
スマート 優しい
スマート やわらか
スマート まろやか
ふくよか さわやか
ふくよか 優しい
ふくよか やわらか
ふくよか まろやか
コクがある さわやか
コクがある 優しい
コクがある やわらか
コクがある まろやか
P25プロセッコ・ディ・ヴァルドッビアデーネ
P23ソアーヴェ
P49ミュスカデ・ドゥ・セーヴル・エ・メーヌ
P29スイス・シャスラ
P63アントル・ドゥー・メール
P43アルザス・シルヴァネール
P31ガヴィ
P61オーストリア・グリューナー・フェルトリナー
P45山梨・甲州
P59オーストラリア・リースリング
P53ニュージーランド・ソーヴィニヨン・ブラン
P35グレーコ・ディ・トゥーフォ
P39フィアーノ・ディ・アヴェリーノ
P51ヴェルディッキオ・デイ・カステッリ・ディ・イェージ
P37コート・ドゥ・プロヴァンス
P27コート・デュ・ローヌ
P47ロエーロ・アルネイス
P57シャブリ
P41ブルゴーニュ
P67リアス・バイシャス・アルバリーニョ
P65オレゴン・ピノ・グリ
P55グラーヴ
P33カリフォルニア・シャルドネ

※P69バシュラン・デュ・ヴィック・ビルとP71ミュスカ・ドゥ・リヴザルトは甘口のため、このチャートには入れていません。

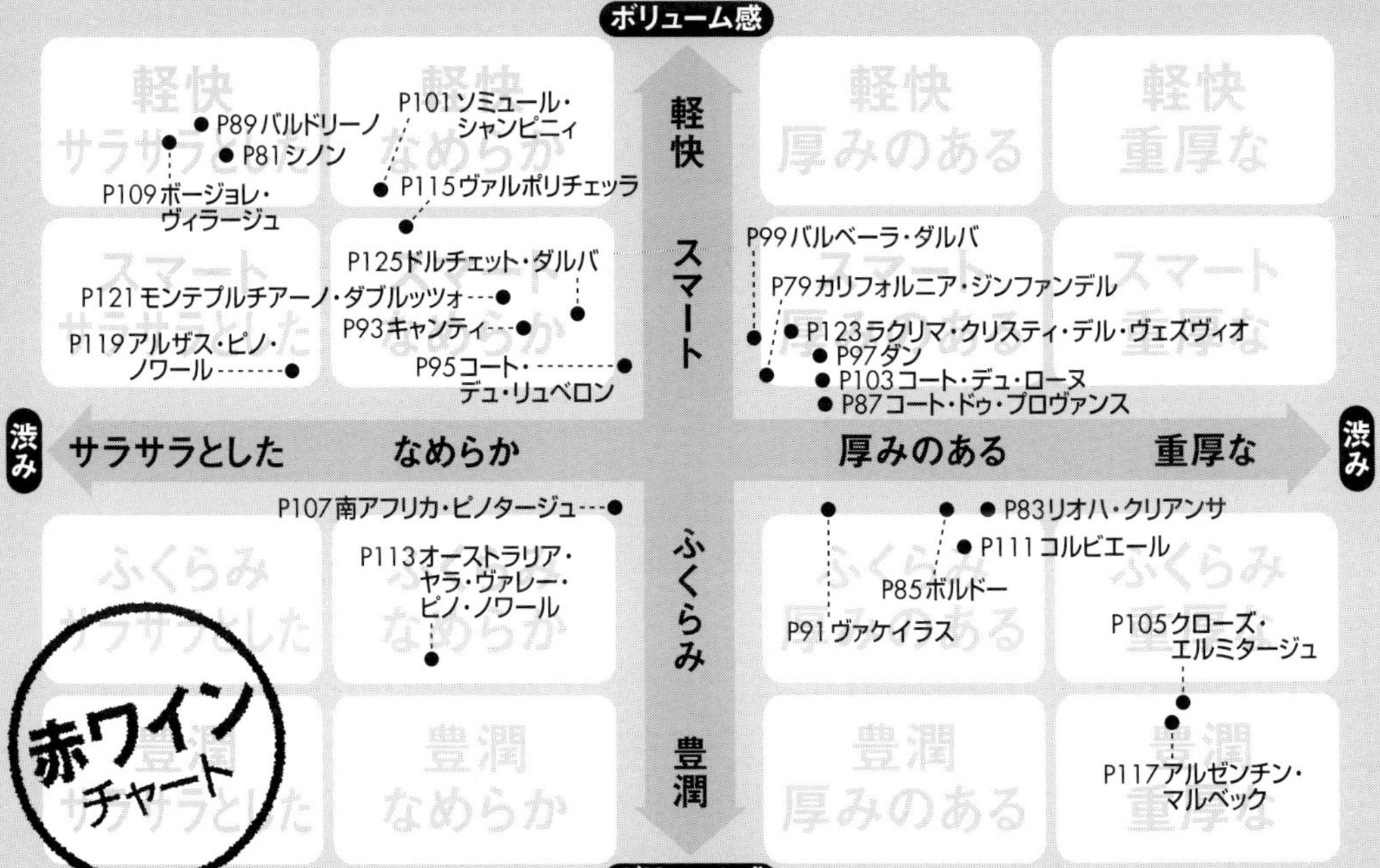
赤ワイン
チャート
ボリューム感
渋み
渋み
ボリューム感
軽快
スマート
ふくらみ
豊潤
サラサラとした
なめらか
厚みのある
重厚な
軽快 サラサラとした
軽快 なめらか
軽快 厚みのある
軽快 重厚な
スマート サラサラとした
スマート なめらか
スマート 厚みのある
スマート 重厚な
ふくらみ サラサラとした
ふくらみ なめらか
ふくらみ 厚みのある
ふくらみ 重厚な
豊潤 サラサラとした
豊潤 なめらか
豊潤 厚みのある
豊潤 重厚な
P89バルドリーノ
P81シノン
P109ボージョレ・ヴィラージュ
P101ソミュール・シャンピニィ
P115ヴァルポリチェッラ
P125ドルチェット・ダルバ
P121モンテプルチアーノ・ダブルッツォ
P93キャンティ
P119アルザス・ピノ・ノワール
P95コート・デュ・リュベロン
P99バルベーラ・ダルバ
P79カリフォルニア・ジンファンデル
P123ラクリマ・クリスティ・デル・ヴェズヴィオ
P97ダン
P103コート・デュ・ローヌ
P87コート・ドゥ・プロヴァンス
P107南アフリカ・ピノタージュ
P113オーストラリア・ヤラ・ヴァレー・ピノ・ノワール
P83リオハ・クリアンサ
P111コルビエール
P85ボルドー
P91ヴァケイラス
P105クローズ・エルミタージュ
P117アルゼンチン・マルベック

※P127ロゼ・スパークリングはロゼのため、このチャートには入れていません。

本書は、小社より２００２年12月に刊行された『１０００円ワインと50のレシピ』を改題し、文庫収録にあたって大幅に加筆・再編集したものです。

田崎真也―1958年、東京都に生まれる。19歳でフランスに渡り、ソムリエ修業のため3年間滞在。1983年、最年少で国内のソムリエコンクール優勝。1995年、国際ソムリエ協会主催の「第8回世界最優秀ソムリエコンクール」で日本人として初めて優勝する。以来、生活の場でワインを楽しむための提案をメディアを問わず展開。料理に関しては、固定観念にとらわれない、オリジナリティあふれるレシピで、プロの料理家をも凌駕する実力の持ち主である。
著書には『田崎真也の安くて旨い！ワイン&簡単おつまみ』(PHP研究所)、『田崎真也の今こそ島焼酎』(実業之日本社)、『旨い酒　旨い肴』(学習研究社）などがある。
http://www.tasaki-shinya.com/

講談社+α文庫 田崎《たさき》真也《しんや》特製《とくせい》！
ワインによく合《あ》うおつまみ手帖《てちょう》

田崎真也《たさきしんや》

2009年5月20日第1刷発行

発行者――――鈴木 哲
発行所――――株式会社 講談社
東京都文京区音羽2-12-21 〒112-8001
電話 出版部(03)5395-3527
販売部(03)5395-5817
業務部(03)5395-3615
写真――――實重雅貴
ワイン写真提供――『世界のワイン事典』(講談社)
デザイン――――鈴木成一デザイン室
印刷――――凸版印刷株式会社
製本――――株式会社千曲堂

落丁本・乱丁本は購入書店名を明記のうえ、小社業務部あてにお送りください。
送料は小社負担にてお取り替えします。
なお、この本の内容についてのお問い合わせは
生活文化第一出版部あてにお願いいたします。
Printed in Japan ISBN978-4-06-281283-2
定価はカバーに表示してあります。

講談社+α文庫 ©生活情報

*村上祥子のおなじみ家庭料理	村上祥子	ほっとするあの味が、手間いらずでサッと作れる！　いつも使える家庭おかずの決定版！	648円	C 17-4
何を食べるべきか　栄養学は警告する	丸元淑生	毎日の食事が抱える問題点を栄養学の見地から検証。最高の食事とは何かを教示する	780円	C 23-1
たたかわないダイエット　わが娘はこうしてスリムになった！	丸元淑生	娘の肥満解消をめざして栄養学の観点からも正しい、食べて痩せるダイエットを検証する	640円	C 23-2
小林カツ代の切って煮るだけ鍋ひとつだけ	小林カツ代	春はたけのこの煮物、夏はラタトゥイユなど、オールシーズンのレシピがすべて鍋ひとつ！	580円	C 29-2
小林カツ代の野菜でまんぷく　野菜でまんぞく	小林カツ代	カレー味、クリーム味、ごま風味、みそ仕立てなどなど野菜が大変身!!　驚きの68レシピ	580円	C 29-3
小林カツ代の魚でカンタン　魚でおいしい	小林カツ代	下ごしらえが面倒、目やうろこが嫌、などの気分は一挙に解消！　おいしい魚の食卓実現	580円	C 29-4
小林カツ代のもっともっと話したい料理のコツ　レシピ108	小林カツ代	焼き方、焼き時間、焼き色と、「焼く」ひとつとってもコツは実はいろいろ。おいしく伝授	580円	C 29-5
*小林カツ代のすぐ食べられる！　おやつレシピ	小林カツ代	カツ代流でおやつ作りもむずかしいこと一切ナシ！　オールカラーですぐ作れる全45品！	648円	C 29-7
何もかもわずらわしいなあと思う日のスープ	小林カツ代	疲れたなあ、面白いことないかなと思うとき空腹だけでなく、心も埋めてくれる40レシピ	648円	C 29-8
*田崎真也特製！　ワインによく合うおつまみ手帖	田崎真也	世界最高峰ソムリエのオリジナルレシピと、その料理にピッタリのワインデータを紹介！	667円	C 31-2

*印は書き下ろし・オリジナル作品

表示価格はすべて本体価格(税別)です。本体価格は変更することがあります